따라 쓰면 마음까지 전해지는
열두 달 감성 메시지

읽으면 진짜
손글씨
예뻐지는 책

따라 쓰면 마음까지 전해지는 열두 달 감성 메시지

읽으면 진짜 손글씨 예뻐지는 책

초판 1쇄 인쇄 2018년 12월 14일
초판 1쇄 발행 2018년 12월 21일

지은이 굳세나
펴낸이 연준혁

출판 2본부 이사 이진영
출판 2분사 분사장 박경순
책임편집 김하나리
표지 디자인 함지현
본문 디자인 나이스에이지

펴낸곳 (주)위즈덤하우스 미디어그룹
출판등록 2000년 5월 23일 제13-1071호
주소 경기도 고양시 일산동구 정발산로 43-20 센트럴프라자 6층
전화 031)936-4000 팩스 031)903-3893 홈페이지 www.wisdomhouse.co.kr

값 13,000원 ISBN 979-11-965418-1-1 [13640]

국립중앙도서관 출판예정도서목록(CIP)

읽으면 진짜 손글씨 예뻐지는 책 : 따라 쓰면 마음까지 전해
지는 열두 달 감성 메시지 / 지은이: 굳세나. — 고양 :
위즈덤하우스 미디어그룹, 2018
　　p. ; 　cm

권말부록: Q&A
ISBN 979-11-965418-1-1 13640 : ₩13000

멋 글씨

640-KDC6
745.61-DDC23　　　　　　　CIP2018037942

따라 쓰면 마음까지 전해지는 열두 달 감성 메시지

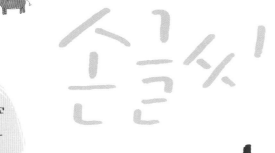

읽으면 진짜

손글씨

예뻐지는

책

노오란달빛을두고
마주앉이-
늦도록너랑나랑

안녕,
반가워.
잘부탁해!

굳세나 지음

말하는대로
원하는대로
이·루·어·져·라.

오랜 시간이흘러도,
언제나저의스승이십니다.
은혜잊지않겠습니다.

위즈덤하우스

소중한 사람들에게 마음을 전하는 가장 특별한 방법

첫 장, 첫 줄.
썼다, 지웠다 반복하며 머뭇거리던 내게 친구는 말했어요.
"너라면 잘 할 거라 믿어, 굳세나잖아."
맞아요. 나는 나답게 하면 되는데 뭔가 근사한 말을 하려고 애쓰고
있었나 봐요. 어렵게 말을 만들려 하니 어려울 수밖에요.

이 책은, 꼭 글씨를 배우는 책이라기보다 사랑하는 친구, 가족들에게 내
마음을 짧은 말보다 글로 전하고 싶은데 어떤 말을 써야 할까 막연하고
난감할 때 펼쳐보면 좋을 책입니다. 소중한 사람들에게 당신의 마음을
나누는 데 작은 보탬이 될 수만 있다면, 저는 진심으로 감사할 거예요.

누군가에게 아름다운 말을 담아 고운 하루를 선물하고 싶은 날, 바쁜 건
잠시 내려놓고 고요히 앉아 다정한 말들을 손으로 써보는 시간을 갖는
건 어떨까요?

저에게 손글씨는 인생의 터닝포인트였습니다.
길을 잃은 듯 슬픔에 빠져 있었던 시절에, 저를 어느 때보다 뜨겁게
만들어줬습니다.

손글씨는 친구였습니다.

따뜻하고 다정했습니다. 글씨를 쓰며 제 마음은 더 깊어지고 위로받고 치유되었지요. 그로 인해 어떤 고비를 맞이해도 제 마음을 단단히 지켜낼 수 있는 면역력이 생겼습니다. 다시 세상과 소통할 수 있게 만들어준 고마운 친구. 너무나 길 것만 같았던 우울과 절망은 그렇게 지나갔습니다. 모든 어려움은 언젠가 끝나잖아요. 늘 그랬던 것처럼.

손글씨는 소통이었습니다.

이 책에 담긴 말들이 주는 이에게도 받는 이에게도, 화창한 봄날의 기억처럼 오래 간직되는 예쁜 마음이 담긴 메시지이기를 바랍니다. 더불어 매일매일 반복되는 일상, 지치고 고된 마음 쉬게 하는 글귀가 되기를.

믿어 주고 힘을 주던 친구는 이 책을 보고 분명 이렇게 말할 거예요. "최선을 다했다면 괜찮아"라고, 그리고 애썼다며 토닥여줄 걸 저는 압니다.

누군가의 도움 없이 혼자서는 성장하지 못했을 것임을 알기에, 파란 하늘처럼 맑은 마음을 이 책에 담아 감사의 말과 함께 전합니다. 제 곁에 있는 모든 분들께 고맙습니다. 항상.

굳세나, 두 손 모아.

3장 나만의 손글씨로 마음 전하기

1장

손글씨 쓰기 전에

평소에 내가 어떻게 글씨를 쓰고 있었는지 기억하시나요?
여러 펜을 활용한 다양한 서체를 익히기 전에 이번 장에서는
글씨의 개성을 살릴 수 있는 다양한 표현법을 소개하려고 합니다.
자음과 모음을 쓰는 요령에 맞춰 짧은 글을 따라 써보면서
자신의 글씨를 점검하고 내 글씨의 개성을 살릴 수 있는
표현법을 익혀보세요.

01 | 형태에 주의를 기울여, 급할수록 천천히

너무나 모든 것이 빠르게 변하는 시대에 살고 있습니다. 그러다보니 천천히 살피며 해야 할 일들도 무심결에 흘려보내고 '아 내가 이렇게 했던가?' 하고 뒤늦게 후회하는 일도 많지 않나요?
손글씨도 마찬가지입니다. 글자를 빨리 쓰는 습관은 글자 모양을 생각할 시간이 줄어들기 때문에 그만큼 바르게 쓰기가 어렵습니다. 주의를 기울여 천천히 쓰다보면 누구나 충분히 예쁜 글씨를 쓸 수 있지만 조급한 마음에 그만 아무렇게나 흘려 쓰고 '아 나는 글씨를 못 쓰는 사람이구나' 하고 포기하게 됩니다.

마음에 여유를 갖고 천천히 자간, 구성, 행간을 생각하면서 느리게 산책하듯 써보세요. 천천히 한 자 한 자 써 내려가다 보면, 내 글씨가 어떤 모습을 하고 있는지 눈으로, 마음으로 확인할 수 있습니다.

1장에서는 조금 더 쉽게 글자의 개성을 살리고 예쁜 느낌을 줄 수 있는 손글씨 요령을 알려드리려 합니다.

먼저 글씨에 편안한 공간을 선물해보려고 합니다.

그림이 여백의 미를 중요하게 생각하듯 손글씨도 마찬가지입니다.

글자 사이사이 하얀 공간을 비슷하게 나누어 써보세요. 글자 사이에 여백을 두어 잠시 쉴 공간을 마련해주는 것만으로도, 글씨가 한결 넉넉하고 여유로워 보입니다.

① 먼저 글자 사이에 공간을 눈대중으로 비슷하게 나누어 봅니다.

글

② 이어지는 글자들에도 일정한 공간을 두고 손글씨를 써보세요. 글자 사이에 여백이 생기니 한결 여유로워 보이지요?

글로 내 마음을 전할수 있다면

③ 모음에도 마찬가지로 글자에 숨 쉴 수 있는 공간을 줍니다.

ㅑ ㅕ ㅛ ㅠ

03 | 글자의 허리를 맞춰 리듬감 살리기

획의 수에 따라 글자 허리에 맞춰 글씨를 써봅시다. 글자 머리가 아니라 허리에 맞춰 써주면 안정감 있으면서도 들쑥날쑥 생동감 넘치는 글씨를 쓸 수 있답니다.

① 첫 글자의 허리 위치를 잡아줍니다.

② 이어지는 글자들도 첫 글자의 허리에 맞춰서 글씨를 써보세요.
   이때 모음을 너무 길게 빼지 않도록 주의합니다.

예술이다 (O)   예술이다 (X)

받침이 있는 글자라면 다른 글자보다 키가 더 커지겠지요? 마치 힐을 신은 것처럼 말이에요.
반면에 글자 머리를 맞춘 글씨는 가지런한 느낌을 주기 때문에 관공서에서 많이 사용됩니다.

나무와 나무 사이 가지가 뻗을 공간이 필요하듯 사람 사이에도 적당한 거리가 필요하다고들 하지요?

글씨도 마찬가지입니다. 옆에 앉은 친구를 배려하듯 획과 획이 붙지 않게 쓴다면 읽히기 쉽고 너그러운 글씨가 될 거예요. 이제 글씨를 쓸 때 반 발자국씩만 떨어뜨려보면 어떨까요?

① 모음을 쓸 때 글자끼리 붙는 부분은 되도록 짧게 그어서 획과 획이 붙지 않게 합니다.

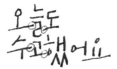

② 단, 맨 앞이나 맨 뒤에 오는 글자는 길게 멋을 부려도 좋습니다. 여유 공간이 있어서 서로 방해받지 않습니다.

자, 이제 옆에 앉을 글자 친구를 위해 자리를 비워두고 쓰실 준비가 되셨나요?

05 | 퍼즐을 맞추듯 '모둠 글씨' 만들기

퍼즐 맞추기를 좋아하시나요? 퍼즐을 맞추듯 자음, 모음을 하나하나 사이사이에 끼워 맞춰 써서 모둠 글씨를 만들면 더 짜임새 있는 형태로 완성할 수 있습니다.

① 각 글자의 자음과 모음 사이를 확인합니다.

삼겹살

② 각 글자의 틈에 자음과 모음을 퍼즐처럼 끼워서 써봅니다.

삼겹살먹고갈래 ?

③ 길지 않은 문장을 두 세줄 쓸 경우에도 위, 아래 공간을 퍼즐 맞추듯이 써주세요.

너랑나랑
삼겹살
파티

마치 서로에게 맞춰진 듯 서로를 채워주는 형태로 완성된 손글씨. 심지 굳고 단단한 느낌을 주지 않나요?

06 글씨의 인상을 좌우하는 자음의 표현법

모음에 따라 자음 모양이 달라져도 괜찮다는 사실 알고 계시나요?
여기서는 글씨에 개성을 더해주는 각 자음별 손글씨의 요령을 알려
드리려 합니다.

① 받침을 되도록 '내어 쓴다'는 느낌으로 글씨를 써봅시다. 하단의
   예시처럼 'ㅌ'을 '가' 바깥 쪽으로 나가게 쓰고 받침 'ㄹ'을 '사' 바
   깥 쪽으로 나가게 써봅시다.

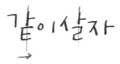

② 기본형인 '가, 나, 다'를 써보려고 합니다. 가에서는 'ㄱ' 안쪽 공간
   을 넉넉하게 쓰는 것이 중요합니다. 빨간 동그라미가 들어간 부
   분이 보이시지요?
   자음과 모음을 너무 붙지 않도록 공간을 두고 써보세요. 'ㄱ'에서
   아래 획은 똑바로 쓰기보다는 약간 안쪽으로 기울여서 써보세요.

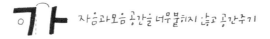

'나'에서는 자음 'ㄴ'에 포인트를 줄 수 있는데요. 'ㄴ'에서 기울어지는 부분을 조금씩 사선으로 그어 줍니다.

나 아주 조금씩 사선으로 긋는다

'다'는 나와 같은 요령으로 써주시면 되는데, 'ㄷ'과 'ㅏ'를 되도록 붙여 써서 글자에 멋을 낼 수 있습니다.

다 "ㄷ" "ㅏ" 되도록 붙여쓴다

③ 이번에는 'ㅁ'의 세로획, 가로획에 모양내기를 해보려고 하는데요. 모음의 위치에 따라 세로획과 가로획의 길이를 달리하여 글자에 개성을 줄 수 있습니다.
모음이 옆에 있을 경우에는 되도록 'ㅁ'의 세로획을 길게 그어주세요.

ㅁ 마음

모음이 아래에 있을 경우에는 되도록 'ㅁ'의 가로획을 길게 긋습니다.

ㅁ 선물

④ 다음은 'ㅂ' 쓰기 순서입니다.

빨간 동그라미 순서에 맞춰서 써보세요. 글자에 더 안정적인 느낌을 줄 수 있습니다. 빗금 친 부분은 넉넉하게 써주는 것이 좋은데요. 예를 들어 'ㅂ'을 물 컵이라고 생각했을 때 물을 반 이상 채운다는 느낌으로 써주시면 됩니다.

가로획과 세로획의 경우 'ㅁ'과 동일하게 모음이 옆에 있을 때는 세로획이 길게, 아래에 있을 때는 아래에 있는 가로획을 길게 써주시면 됩니다.

'ㅋ'도 같은 방법으로 써주시면 됩니다. 꼭 글자 사이의 공간도 생각하면서 써주세요.

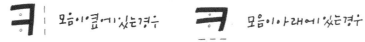

⑤ 이번에는 'ㅅ, ㅈ, ㅊ'의 표현법을 알려드리려 합니다.

여기에서도 모음의 위치에 따라 가로획과 세로획의 표현이 달라집니다.

먼저 'ㅅ'을 예로 들어보겠습니다.

모음이 옆에 있을 경우 되도록 획을 아래로 향하게 쓰시면 되는데요. 팔을 아래로 내리듯 한쪽을 길게 끌어내려서 써주시면 됩니다.

반대로 모음이 아래 있을 경우 되도록 획을 옆으로 뻗어 쓰시면 되는데요. 팔을 옆으로 쭉 뻗듯이 써주시면 됩니다.

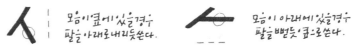

모음이 옆에 있을경우
팔을 아래로 내리듯쓴다.

모음이 아래에 있을경우
팔을 뻗듯이 옆으로쓴다.

세상사람들   소식주셔요

'ㅈ, ㅊ'도 같은 방법으로 써주시면 됩니다.

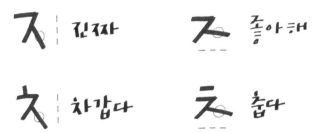

⑥ 손글씨나 캘리그라피에서 자주 사용하는 펜으로 로트링 아트펜과 지그펜이 있습니다. 이런 모서리가 있는 펜을 사용하는 경우에는 세모와 네모를 더한 모양으로 'ㅇ'을 써주시면 됩니다.

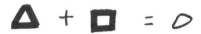

로트링 아트펜이나 지그펜은 각이 있어
부드럽게 쓰기 힘드므로
세모에 가까운 " ㅇ " 으로 쓰면
모양내기 편하다.

⑦ 'ㄹ'은 획이 많기 때문에 쓰는 방법도 다양합니다. 누구에게 어떤 인상의 손글씨를 전하고 싶은지를 고민해서 'ㄹ'을 써보세요.

따로따로 쓰는 경우

ㄹ

한 번에 각이 지도록 쓰는 경우

ㄹ

부드럽게 쓰는 경우

ㅋ (ㅇ)

ㄹ (✕)

너무 부드럽게 이어
쓰는 데만 집중하면
중간 획이 완전히
사라지는 경우도 있으니
주의하세요.

⑧ 'ㄹ' 만큼이나 다양한 모양을 줄 수 있는 게 'ㅎ'이라고 생각하는데요. 책에 사용한 몇 가지만 소개해보려고 합니다.

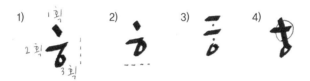

1) 모음이 옆에 오는 경우 3획을 아래로 늘려 써줍니다.

2) 모음이 아래에 오는 경우 3획을 2획에 가까이 붙여서 써줍니다.

3) 각 획의 공간을 동일하게 나눠줍니다.

4) 윗 부분을 십자 모양으로 만들어줍니다.

자음편

ㄱ	ㄱ	ㄱ	ㄱ				
ㄴ	ㄴ	ㄴ	ㄴ				
ㄷ	ㄷ	ㄷ	ㄷ				
ㄹ	ㄹ	ㄹ	ㄹ				
ㅁ	ㅁ	ㅁ	ㅁ				
ㅂ	ㅂ	ㅂ	ㅂ				
ㅅ	ㅅ	ㅅ	ㅅ				
ㅇ	ㅇ	ㅇ	ㅇ				
ㅈ	ㅈ	ㅈ	ㅈ				
ㅊ	ㅊ	ㅊ	ㅊ				
ㅋ	ㅋ	ㅋ	ㅋ				

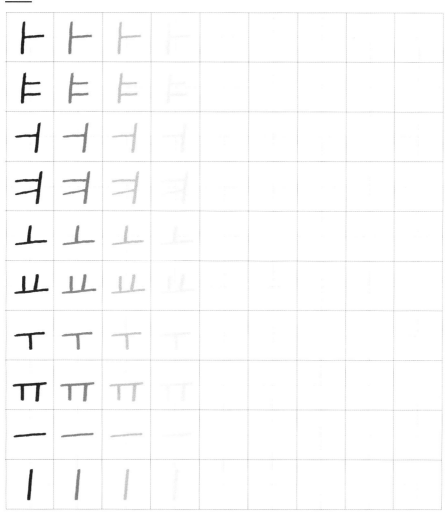

모음편

가	가	가	가				
갸	갸	갸	갸				
거	거	거	거				
겨	겨	겨	겨				
고	고	고	고				
교	교	교	교				
구	구	구	구				
규	규	규	규				
그	그	그	그				
기	기	기	기				

나	나	나	나				
냐	냐	냐	냐				
너	너	너	너				
녀	녀	녀	녀				
노	노	노	노				
뇨	뇨	뇨	뇨				
누	누	누	누				
뉴	뉴	뉴	뉴				
느	느	느	느				
니	니	니	니				

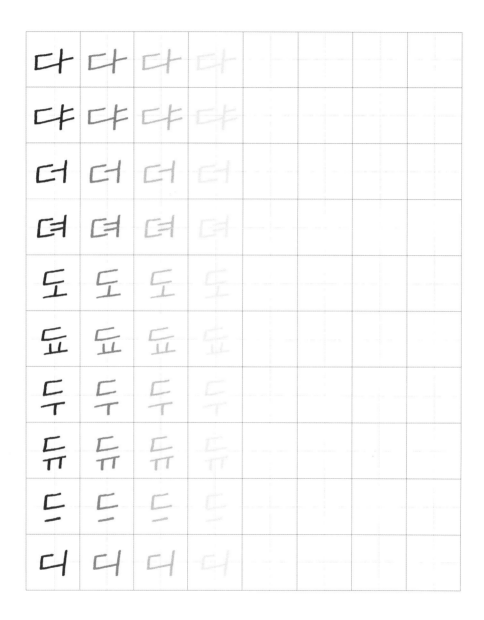

라	라	라	라				
랴	랴	랴	랴				
러	러	러	러				
려	려	려	려				
로	로	로	로				
료	료	료	료				
루	루	루	루				
류	류	류	류				
르	르	르	르				
리	리	리	리				

마	마	마	마			
야	야	야	야			
머	머	머	머			
며	며	며	며			
모	모	모	모			
묘	묘	묘	묘			
무	무	무	무			
뮤	뮤	뮤	뮤			
므	므	므	므			
미	미	미	미			

바	바	바	바				
뱌	뱌	뱌	뱌				
버	버	버	버				
벼	벼	벼	벼				
보	보	보	보				
뵤	뵤	뵤	뵤				
부	부	부	부				
뷰	뷰	뷰	뷰				
브	브	브	브				
비	비	비	비				

사	사	사	사			
샤	샤	샤	샤			
서	서	서	서			
셔	셔	셔	셔			
소	소	소	소			
쇼	쇼	쇼	쇼			
수	수	수	수			
슈	슈	슈	슈			
스	스	스	스			
시	시	시	시			

아	아	아	아				
야	야	야	야				
어	어	어	어				
여	여	여	여				
오	오	오	오				
요	요	요	요				
우	우	우	우				
유	유	유	유				
으	으	으	으				
이	이	이	이				

자	자	자	자				
쟈	쟈	쟈	쟈				
저	저	저	저				
져	져	져	져				
조	조	조	조				
죠	죠	죠	죠				
주	주	주	주				
쥬	쥬	쥬	쥬				
즈	즈	즈	즈				
지	지	지	지				

차	차	차	차				
챠	챠	챠	챠				
처	처	처	처				
쳐	쳐	쳐	쳐				
초	초	초	초				
쵸	쵸	쵸	쵸				
추	추	추	추				
츄	츄	츄	츄				
츠	츠	츠	츠				
치	치	치	치				

카	카	카	카				
캬	캬	캬	캬				
커	커	커	커				
켜	켜	켜	켜				
코	코	코	코				
쿄	쿄	쿄	쿄				
쿠	쿠	쿠	쿠				
큐	큐	큐	큐				
크	크	크	크				
키	키	키	키				

타	타	타	타			
탸	탸	탸	탸			
터	터	터	터			
텨	텨	텨	텨			
토	토	토	토			
툐	툐	툐	툐			
투	투	투	투			
튜	튜	튜	튜			
트	트	트	트			
티	티	티	티			

파	파	파	파				
퍄	퍄	퍄	퍄				
퍼	퍼	퍼	퍼				
펴	펴	펴	펴				
포	포	포	포				
표	표	표	표				
푸	푸	푸	푸				
퓨	퓨	퓨	퓨				
프	프	프	프				
피	피	피	피				

하	하	하	하				
햐	햐	햐	햐				
허	허	허	허				
혀	혀	혀	혀				
호	호	호	호				
효	효	효	효				
후	후	후	후				
휴	휴	휴	휴				
흐	흐	흐	흐				
히	히	히	히				

너에게 너에게

끌림 끌림

온도 온도

운명 운명

어제보다더 어제보다더

너를만나 너를만나

별보러가자 별보러가자

도망가지마 도망가지마

당신은 마음도이쁜거알아요 ?

당신은 마음도이쁜거알아요 ?

넌내게너무소중해

넌내게너무소중해

언제나 내곁에 있어줄거지?

언제나 내곁에 있어줄거지?

가을타나 봐!

가을타나 봐!

이 골목 어귀에 봄을 실어 나른다

이 골목 어귀에 봄을 실어 나른다

나의 봄이 되어줄래?

나의 봄이 되어줄래?

그대, 어서오세요

그대, 어서오세요

꽃소식 전해줄게요

꽃소식 전해줄게요

2장

매달 손글씨로 전하는
작지만 다정한 말들

매달 소중한 사람들에게 축하와 위로의 메시지를

전할 일들이 생기곤 합니다.

이번 장에서는 네 가지 펜을 활용한 글씨로

소중한 사람들에게 전하고 싶은 월별 메시지를 담아보려고 하는데요.

책에 수록된 글귀들을 따라 쓰면서 말로 전하는 것보다

오래 두고 간직할 수 있는 손글씨의 매력을 느껴보세요.

손글씨에 힘찬 기운을 불어넣는 지그펜

새해 새날 처음 만나게 될 펜은 캘리그라피 펜으로 유명한 쿠레타케
사의 지그펜입니다. 사용법이 까다롭지 않아서 처음 사용하시는
분들도 편하게 쓸 수 있어요.

지그펜은 굵기가 다른 양쪽을 모두 쓸 수 있는 트윈팁입니다. 저는
주로 0.5mm, 3.5mm 굵기의 'JOUNAL & TITLE'을 사용하고
있습니다. 얇은 글씨를 선호해서 모서리를 세워 또박또박 천천히
쓰는 편입니다, 여러분들도 서두르지 말고 천천히 써보세요.
약간의 여유를 가지고 쓰는 것만으로도 조금 더 바르고 섬세한
글씨를 담아낼 수 있어요.

지그펜의 한쪽 펜촉은 납작하고 네모나게 되어 있습니다. 단단하고
각진 부분이 처음에는 불편하게 느껴질 수도 있지만 쓰다 보면
길이 들어서 오히려 더 좋다는 분들도 계십니다. 종류별로 굵기가
다양하고 세워서 쓸 수도 눕혀서 쓸 수도 있어서 평소 쓰던
글씨와는 조금 다른 인상을 줄 수 있습니다.

또한 물에 번지지도 않아 오랜 시간 동안 글씨를 보호하고 남길 수
있지요. 좋은 사람 곁에 내가 오래 머물고 싶은 것처럼 말이에요.

캘리그라피를 만나 저 자신조차도 몰랐던 내 안의 빛을 뒤늦게 찾아낸 것처럼 여러분 안에도 여러 가지 색깔이 있을 거예요. 그대 안에도 다양한 모습이 존재할지도 몰라요. 지그펜처럼.

다시 시작하는 새해, 손글씨를 통해 자신만의 특별함을 발견할 수 있다면 좋겠습니다.

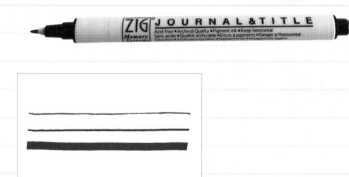

1~3월에 수록된 글에서 가는 글씨는 0.5mm 촉을 활용했고 약간 굵은 부분은 3.5mm 촉 납작한 부분의 모서리를 활용했습니다.

1월, 새해의 말

: 다시 찾아온 새로운 날들

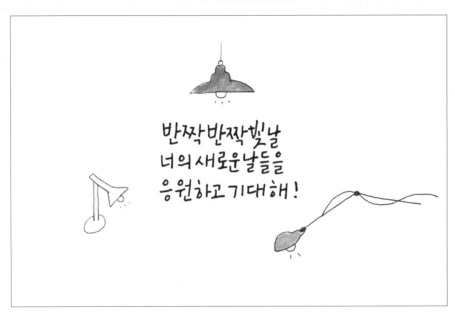

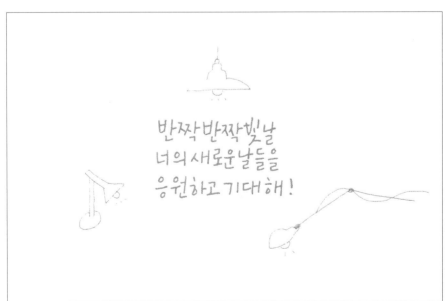

안녕,
반가워.
잘부탁해!

안녕,
반가워.
잘부탁해!

Happy new year!
좋은일만생길거이=

Happy new year!
좋은일만생길거이=

한해의 시작,
　문득 당신의 안부를 묻습니다.
　부디 안녕하기를 바라며,
　잘 지낸다는 소식 주셔요.

한해의 시작,
　문득 당신의 안부를 묻습니다.
　부디 안녕하기를 바라며,
　잘 지낸다는 소식 주셔요.

서두르지말고
지치지말고
살살조심스럽게,
속도보다방향이
중요하잖아요

예쁘게시작해서 예쁘게마무리하는
뭘해도예쁜한해보내세요

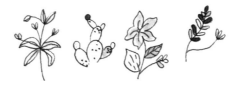

예쁘게시작해서 예쁘게마무리하는
뭘해도예쁜한해보내세요

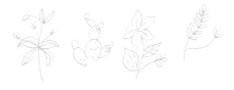

2월, 사랑의 말

: 네 얼굴이 자꾸자꾸 생각나

내 손은 네 손을
잡으라고 있는 거야.

내 손은 네 손을
잡으라고 있는 거야.

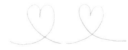

아침이면
가장먼저보고싶은너,
매일너의하루가궁금해.

아침이면
가장먼저보고싶은너,
매일너의하루가궁금해.

참는데도 보고 싶다 ~.
아 어쩌자고 !

참는데도 보고 싶다 ~.
아 어쩌자고 !

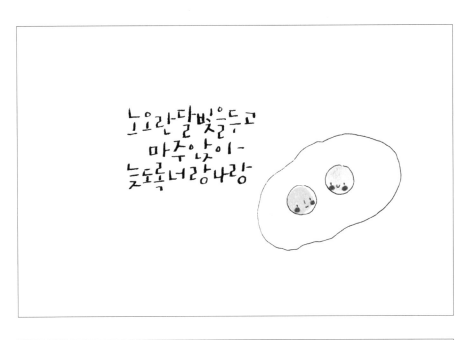

노오란 달빛을 두고
마주 앉이-
늦도록 너랑 나랑

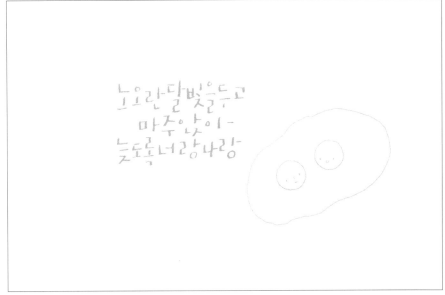

노오란 달빛을 두고
마주 앉이-
늦도록 너랑 나랑

함께 사계절 풍경을 담아 보지 않을래?
그 계절의 이름은 모두 사랑이거든.

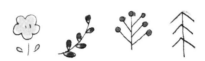

함께 사계절 풍경을 담아 보지 않을래?
그 계절의 이름은 모두 사랑이거든.

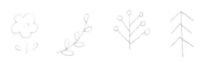

당신을만난건기적이에요 .
내가사랑하는그대가날좋아해주니까 .
그러니까이건기적이에요 .

당신을만난건기적이에요 .
내가사랑하는그대가날좋아해주니까 .
그러니까이건기적이에요 .

3월, 시작의 말
: 우리의 봄날은 지금부터 시작이야

너만의 꽃밭을
가꾸기바라.
기억해!
너의하루를결정하는건
너자신뿐이라는걸.

너만의꽃밭을
가꾸기바라.
기억해!
너의하루를결정하는건
너자신뿐이라는걸.

그대가 가는 그길 조용히 아껴줄게요.
당신의 봄날은 지금부터 시작입니다.

그대가 가는 그길 조용히 아껴줄게요.
당신의 봄날은 지금부터 시작입니다.

걱정말아요
모두잘될거예요
오늘도당신의꿈을응원합니다!

GoodLuck

걱정말아요
모두잘될거예요
오늘도당신의꿈을응원합니다!

GoodLuck

말하는대로
원하는대로
이·루·어·져·라.

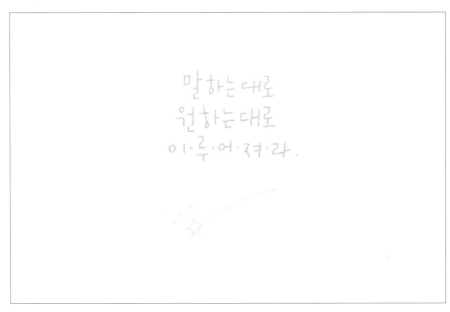

말하는대로
원하는대로
이·루·어·져·라.

설렘가득한새로운시작을앞둔당신,
늘 꽃길만 걷자.

설렘가득한새로운시작을앞둔당신,
늘 꽃길만 걷자.

나는할수있다!
나는할수있다!!
'괜찮아 좀 못해도괜찮아' 라는
위로도좋지만
순간힘내고싶을때
자신에게외쳐봐 .

나는할수있다!
나는할수있다!!
'괜찮아 좀 못해도괜찮아' 라는
위로도좋지만
순간힘내고싶을때
자신에게외쳐봐 .

하늘하늘 부드럽게 제노 가는 붓펜

"오신다기에 마중 나왔어요, 마음이 일렁이기 시작해요. 봄 타나
봐요."

이 계절을 꼭 닮은 글씨를 쓸 수 있는 모나미 제노 붓펜.
보슬보슬 내리는 봄비, 살랑살랑 부는 봄바람, 흩날리는 꽃잎처럼
가볍고 하늘거리는 글씨를 표현하기에 좋습니다.

제노 붓펜은 대, 중, 세필(가는 붓펜) 이렇게 세 종류가 있는데요.
여기에서는 가는 붓펜을 소개합니다.
가까운 문구점에서 쉽게 구할 수 있고 가격 대비 쓰임이 좋습니다.
붓모는 보필이 아닌 스펀지 팁이라 약간 뻑뻑한 느낌이 있지만
탄력이 좋아 손글씨에 적합해서 저도 자주 사용합니다. 붓펜과
사인펜의 중간 정도라고 생각해주시면 됩니다. 손글씨는 물론
간단한 그림 그리기에도 좋고 휴대도 간편해서 처음 쓰시는
분들에게도 좋습니다. 쓰면 쓸수록 애정이 생기는 좋은 친구가 될
거라 믿어요.

끝이 뾰족해서 울퉁불퉁 굴곡 있는 종이보다는 부드러운 종이에
쓴다면 좀 더 매끄러운 글씨를 얻을 수 있습니다.

다만 잉크가 마르는 데 시간이 오래 걸리고 물에 젖으면 쉽게
번져서 글씨를 알아볼 수 없게 되기 때문에 주의해주세요.

하늘에서 비가 내리고, 별이 떨어지고. 그런 날에는 누군가에게
편지 쓰고 싶어 지지 않나요?
그런 날 문득, 이 펜이 떠오를지도 모르겠습니다.

가벼운 느낌으로 써야 하므로
펜 뚜껑은 뒤에 끼우지 말고
다른 펜을 질 때보다 손을 더
자유롭게 움직여서 써봅시다.

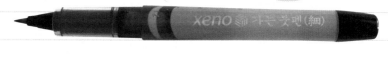

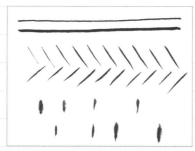

4월, 축하의 말

: 네가 세상에 온 오늘

어디에 머물든 사랑받을 당신,
이 세상에 태어나줘서 고마워요.

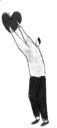

어디에 머물든 사랑받을 당신,
이 세상에 태어나줘서 고마워요.

나에게 가장 큰 선물인 너
이 세상
무엇보다 소중해.

나에게 가장 큰 선물인 너
이 세상
무엇보다 소중해.

오늘 너에게 꼭 해주고 싶은
마법같은 한마디
행복해져라.
행복해져라!

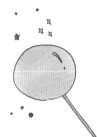

천사처럼 예쁜 아이가 찾아온 날,
  고생 많았지요?
한 아이의 엄마와 아빠가 된 것을 축하합니다.
기쁨 안에서 늘 행복하세요.

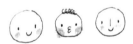

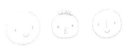

유난히 반짝반짝 빛나는 오늘,
당신 생일인걸요.
온 마음을 다해
축하해요.

유난히 반짝반짝 빛나는 오늘,
당신 생일인걸요.
온 마음을 다해
축하해요.

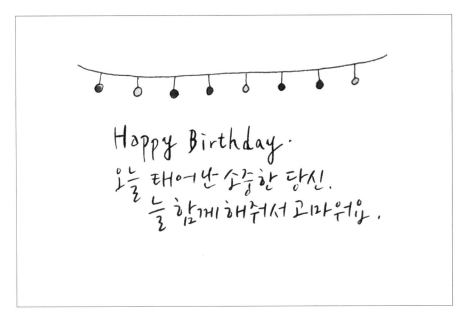

Happy Birthday.
오늘 태어난 소중한 당신.
늘 함께해줘서 고마워요.

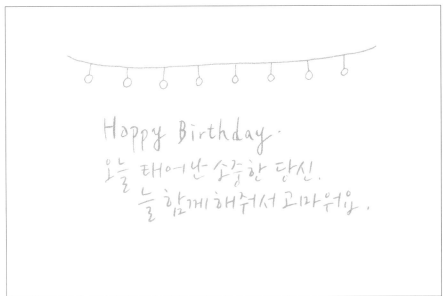

Happy Birthday.
오늘 태어난 소중한 당신.
늘 함께해줘서 고마워요.

5월, 감사의 말

: 함께이기에 더 소중한

건강하게 오래오래
제곁에
있어주세요
감사하고 사랑합니다

건강하게 오래오래
제곁에
있어주세요
감사하고 사랑합니다

마음을 다해 키워주셔서 고맙습니다.
다시 태어나도 내
엄마, 아빠로!

마음을 다해 키워주셔서 고맙습니다.
다시 태어나도 내
엄마, 아빠로!

함께이기에 더 행복한 우리가족,
모두모두 건강하자.

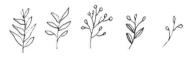

함께이기에 더 행복한 우리가족,
모두모두 건강하자.

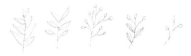

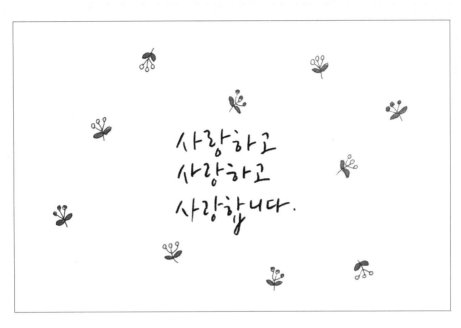

사랑하고
사랑하고
사랑합니다.

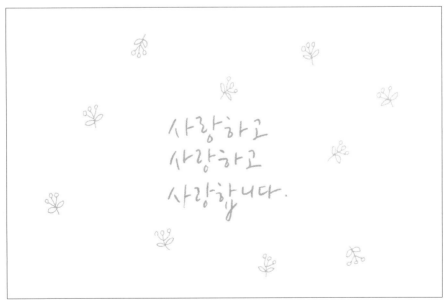

사랑하고
사랑하고
사랑합니다.

오랜 시간이 흘러도,
언제나 저의 스승이십니다.
은혜 잊지 않겠습니다.

오랜 시간이 흘러도,
언제나 저의 스승이십니다.
은혜 잊지 않겠습니다.

선생님 칭찬 덕분에
더 밝고 예쁜 아이로 자랄 수 있었습니다.
사랑으로 채워 주셔서 고맙습니다.

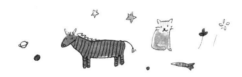

선생님 칭찬 덕분에
더 밝고 예쁜 아이로 자랄 수 있었습니다.
사랑으로 채워 주셔서 고맙습니다.

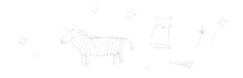

6월, 위로의 말

: 너의 아픔을 나눌 수 있다면

잠시 쉬어 가도 괜찮아
쉬어야 다시 시작할 수 있잖아.

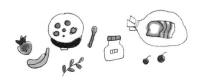

잠시 쉬어 가도 괜찮아
쉬어야 다시 시작할 수 있잖아.

지치고 고된 마음 잠시 쉬어가
다 잘 될거야.

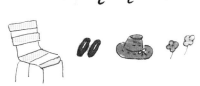

지치고 고된 마음 잠시 쉬어가
다 잘 될거야.

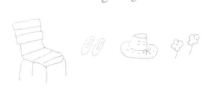

너에게 작은 위로가 되어 줄게.

함께했던모든 순간이기쁨이었습니다.
가시는걸음걸음꽃길이기를
평안한 안식을빕니다.

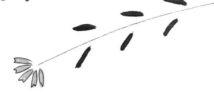

함께했던모든 순간이기쁨이었습니다.
가시는걸음걸음꽃길이기를
평안한 안식을빕니다.

오늘 하루 힘들었나요.
내일도 태양은 뜨고 반짝일거예요.
잊지마요.
가장 소중한 건
당신이라는 사실을.

오늘 하루 최선을 다했다면 괜찮아!
계획대로 안되는게 인생이래.

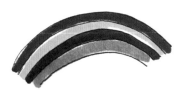

오늘 하루 최선을 다했다면 괜찮아!
계획대로 안되는게 인생이래.

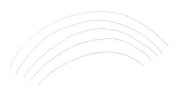

사각사각 반듯하게 로트링 아트펜

오늘 날씨는 어땠나요? 따뜻하고 다정한 봄날이 지나고 초록이
짙어지는 무더운 여름이 왔어요. 무더위로 지쳐 있을 텐데 혹시
휴가는 다녀오셨는지요.

이번에 글씨 여행을 함께 떠날 친구는 필기감이 좋은 캘리그라피용
로트링 아트펜(1.5mm)입니다. 무게는 가볍지만 글씨는 절대 가볍게
느껴지지 않는 특별함이 있습니다.

때로는 한여름 장마철에 시원하게 내리는 굵은 장대비 같은
글씨를, 때로는 가을 낙엽을 밟는 듯 사각사각 종이를 긁는 소리를
내며 거친 글씨를 표현하기도 합니다.

이 펜은 만년필로서의 기본 특징은 갖추었지만 매우 간편하게
사용할 수 있는데요. 펜 몸통 앞부분을 돌려 잉크 카트리지만
끼워주면 바로 쓸 수 있습니다. 그리고 무난하고 기분 좋은 필기감
때문에 캘리그라피 초심자들이 사용하는데도 적합해요.
잉크를 사용하기 때문에 조금 두꺼운 종이를 사용해주세요.
그래야 글씨를 쓸 때 뒷면에 배겨나지 않습니다. 조금 두툼한
스케치북이나 켄트지 같은 재질의 종이가 좋습니다.

카트리지를 교체해야 하는 번거로운 면이 있지만, 잘 안 써질 땐 물에 씻어 휴지로 닦아내면 몇 번이고 새것처럼 사용할 수 있다는 장점이 있습니다.

간편하지만 다채로운 표현이 가능한, 곁에 두고 싶은 친구 같은 존재. 특별하지만 보물 상자에 꼭꼭 넣어두기보다는 필통 맨 앞자리에 두어야 할 것 같은 친근한 펜입니다.

손에 조금 힘을 주어 꾹꾹 눌러 써야 합니다. 펜 머리가 이리저리 움직이지 않도록 고정된 상태로 써보세요.

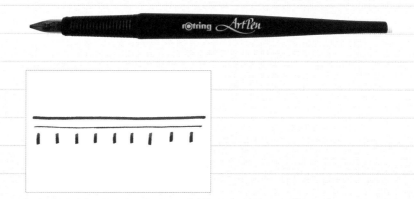

7월, 우정의 말

: 소중한 나의 친구에게

서로아껴주고응원해주며
평생같이가자.
사랑한다 친구야!

서로아껴주고응원해주며
평생같이가자.
사랑한다 친구야!

기쁨도 잠시 불행도 잠시,
계속되지는 않을 거야.
시간의 힘을 믿어보자.
친구야 항상 응원해.

기쁨도 잠시 불행도 잠시,
계속되지는 않을 거야.
시간의 힘을 믿어보자.
친구야 항상 응원해.

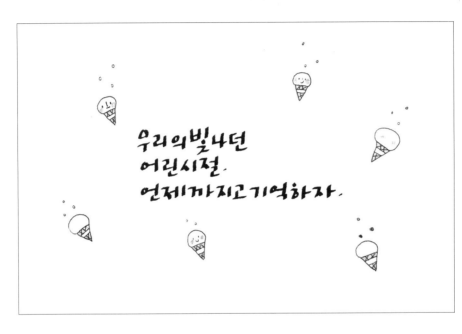

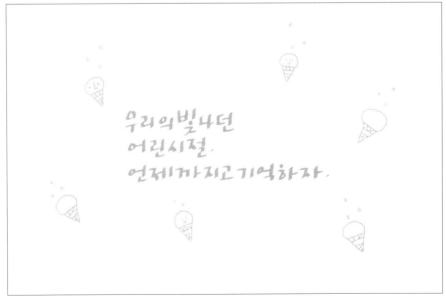

그저 옆에 있어주는 것만으로도
위로가되는 너라는친구 .

그저 옆에 있어주는 것만으로도
위로가되는 너라는친구 .

친구야 슬프냐 슬프자.
술이나 한잔하자.

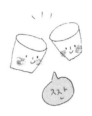

친구야 슬프냐 슬프자.
술이나 한잔하자.

세상사는게 참 어렵지? 평범하기도 어렵고.
결국 행복은 우리 마음 안에 있다잖아.
조금만 버티자.
항상 너의 꿈을 응원해 친구야.

세상사는게 참 어렵지? 평범하기도 어렵고
결국 행복은 우리 마음 안에 있다잖아
조금만 버티자.
항상 너의 꿈을 응원해 친구야

8월, 축복의 말

: 인생에서 여행을 떠나는 너에게

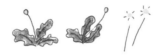

두사람이 만나
한마음이 된다는것,
너무나 기적같은일,
그행복이 영원하기를.

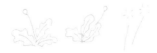

두사람이 만나
한마음이 된다는것,
너무나 기적같은일,
그행복이 영원하기를.

나무같은마음을가진두사람이만나.
서로믿고 먼길을함께걸어가게됨을
축 하 합 니 다 .

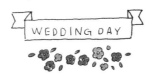

나무같은마음을가진두사람이만나.
서로믿고 먼길을함께걸어가게됨을
축 하 합 니 다

인생이라는 여행은.
조금의 행복 .
그리고 잠시내려놓을 작은의자
하나면 돼 .

인생이라는 여행은.
조금의 행복 .
그리고 잠시내려놓을 작은의자
하나면 돼 .

오늘하루도 여행잘하고돌아와요.
흔들리더라도지치지말고 집으로돌아와요.
이제 집이라는밤이라는선물이기다려요.
온통당신편이에요.

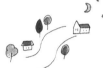

파란하늘이 되어
당신집 창가에 머무를수있다면
사랑한다는말이에요.

파란하늘이 되어
당신집 창가에 머무를수있다면
사랑한다는말이에요.

다정한마음으로
항상그자리에 있어줘서 고마워요.
다정하게. 따뜻하게.

다정한마음으로
항상그자리에 있어줘서 고마워요.
다정하게. 따뜻하게.

9월, 풍요의 말

: 더도 말고 덜도 말고 함께 있는 오늘만 같아라

음식은 뱃속에 저장,
행복은 마음속에 저장.

음식은 뱃속에 저장,
행복은 마음속에 저장.

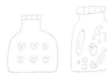

달님. 달님
내소원을 들어주세요.
우리가족모두건강하기를.
마음도한가득풍성하기를.

달님. 달님
내소원을 들어주세요.
우리가족모두건강하기를.
마음도한가득풍성하기를.

함께모여앉으니
더없는행복이다.

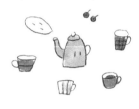

함께모여앉으니
더없는행복이다.

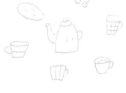

152

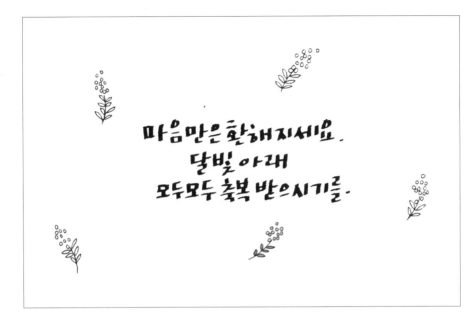

마음만은 환해지세요.
달빛 아래
모두모두 축복 받으시기를.

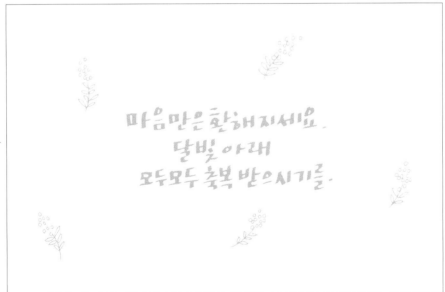

마음만은 환해지세요.
달빛 아래
모두모두 축복 받으시기를.

예쁜게 충분히 번지기를
내게온 행복이 충분히 번지도록 그냥두세요.
좋은에너지가 불행을 거뜬히 지워버릴수있게요.

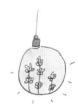

예쁜게 충분히 번지기를
내게온 행복이 충분히 번지도록 그냥두세요.
좋은에너지가 불행을 거뜬히 지워버릴수있게요.

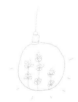

그 표정에 웃음을 더해봐.
웃음은 최고의 화장법이라잖아요.

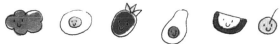

힘을 빼고 춤추듯 자유롭게 시그노볼

마지막으로 제가 캘리그라피를 시작하면서 가장 먼저 만난 펜을
소개할까 합니다. 나의 첫사랑, 시그노볼입니다.
가격도 좋고 필기감도 좋아 지금도 가장 많이 사용하는, 제게는
필수품과 같은 펜이 되었답니다.
저는 시그노볼을 엽서 작품에 가장 많이 활용하는데요. 촉이
0.28mm라서 가늘고 부드러워 작은 글씨를 쓰기에도 좋습니다.
아련한 느낌이 들게도 단단한 느낌이 들게도 다양한 표현이
가능합니다.
노트나 메모지, 거칠거나 부드러운 종이 결에도 모두 잘 써지고
물에 번지지 않아 글씨 옆에 작은 그림을 곁들여 그리기에도
좋습니다. 이처럼 쉽고 편하게 사용할 수 있는 펜이지만 치명적인
단점이 있는데요. 바닥에 떨어뜨리면 볼이 빠져나가니 주의하셔야
해요.

시그볼로 쓴 글씨는 '꽃송이체'라고 할까요? 마치 춤을 추는 듯
가벼운 느낌을 줄 수 있는데요. 하늘에서 떨어지는 눈송이처럼
바람에 흩날리는 낙엽처럼 자음, 모음 하나하나 떨어트려 써보는
건 어떨까요?

더 없이 맑은 가을입니다.

좋은 풍경 앞에선 누군가를 생각하게 되잖아요. 문득 떠오른 그

사람에게 시그노볼로 편지를 써보세요. 힘을 빼고 자유롭게 글씨를

쓰다 보면 전하고 싶은 마음도 문장에 실려 어느새 닿아 있을지도

모릅니다.

되도록 손에 힘을 빼고
가벼운 느낌으로
써주시는 게
포인트입니다!

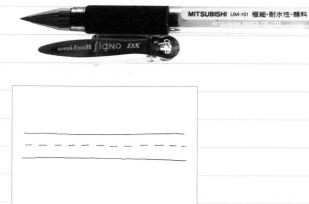

10월, 사과의 말

: 사소한 말 한마디를 건네기 어려워서

고마워,
사소하지만 중요한
한마디 말,
앞으로는 늘 표현할게.

고마워,
사소하지만 중요한
한마디 말,
앞으로는 늘 표현할게.

우린 너무 어렸고
모든게 처음이라 나도 나를 잘 몰랐다
너를 더 깊이 헤아리지 못해
미안해

164

늘 곁에 있을 거라 생각해서
말하지 못했어요.
미안하고 사랑합니다—

SORRY & LOVE

늘 곁에 있을 거라 생각해서
말하지 못했어요.
미안하고 사랑합니다—

SORRY & LOVE

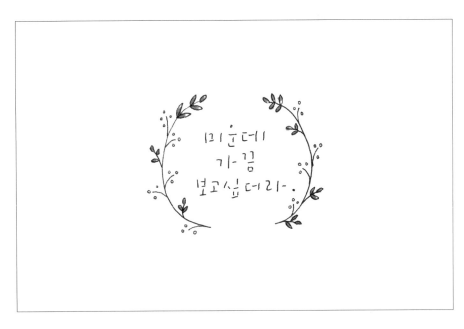

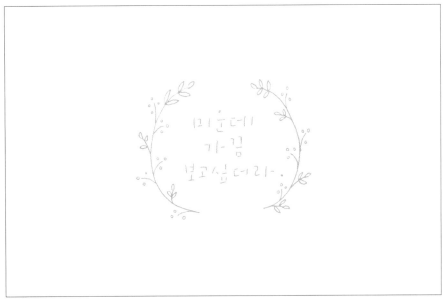

어디 ㄷㅏ- ㅁ/ㄷ

내 ㅁ/ㅁ- ㄷ/ㅗ

ㅁ/ㅗ 라- ㄱ/- ㄲ

ㅣ
ㅇ ㅣ .

———— ♥ ————

어디 ㄷㅏ- ㅁ/ㄷ

내 ㅁ/ㅁ- ㄷ/ㅗ

ㅁ/ㅗ 라- ㄱ/- ㄲ

ㅣ
ㅇ ㅣ .

———— ♥ ————

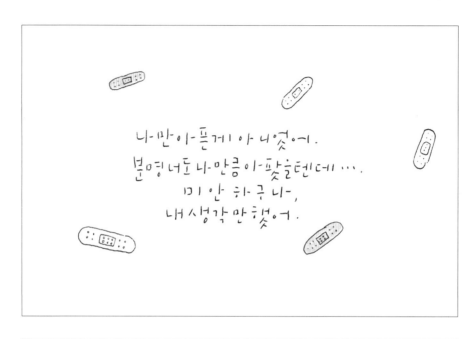

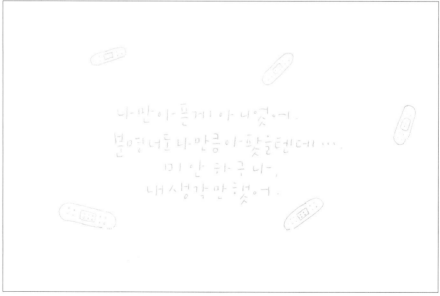

11월, 행운의 말

: 괜찮아, 다 잘 될 거야

우주의 기운을 모아-
찰싹 합격!

축하해요

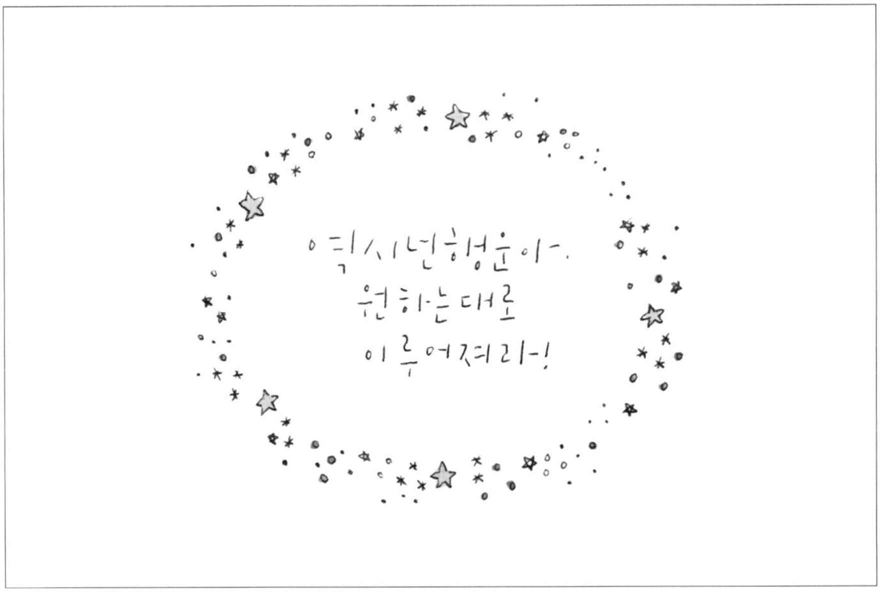
역시 넌 행운아.
원하는 대로
이루어져라!

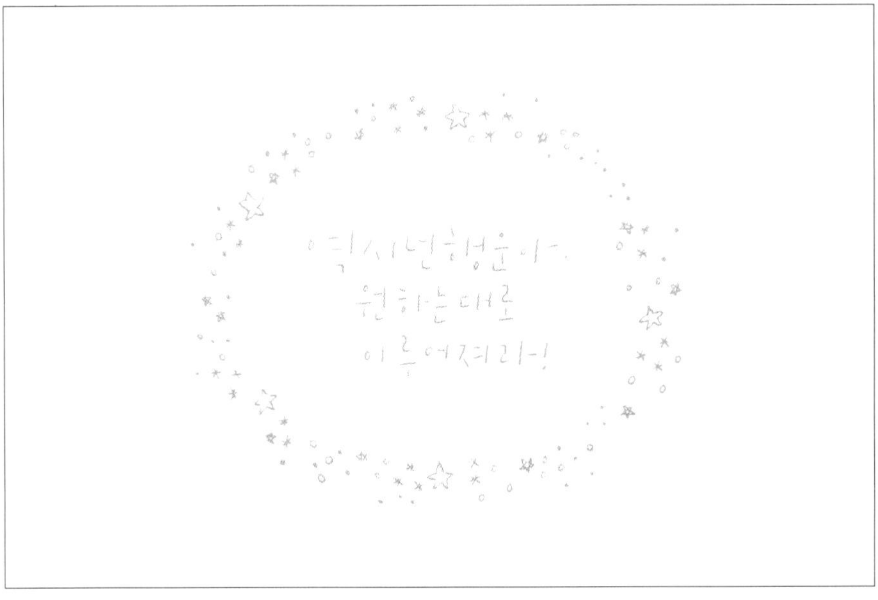
역시 넌 행운아.
원하는 대로
이루어져라!

긴장하지 말고
늘 해왔던 것처럼.
괜찮아-
모든 일은 잘 풀릴거야-.

긴장하지 말고
늘 해왔던 것처럼.
괜찮아-
모든 일은 잘 풀릴거야-.

온 마음 담아
응원합니다.
잊지 말아요,
늘 함께 하는 사람들이 있다는 걸.

온 마음 담아
응원합니다.
잊지 말아요,
늘 함께 하는 사람들이 있다는 걸.

180

넌 최선을 다 했고 이제 별에 주기만 하면 돼.
얼마 남지 않은 시간 지치지 말고 아프지 말고,
넌 잘 할 수 있어.

넌 최선을 다 했고 이제 별에 주기만 하면 돼.
얼마 남지 않은 시간 지치지 말고 아프지 말고,
넌 잘 할 수 있어.

열심히준비했던만큼좋은결과 있을거이느
떨지말고 얼지말고
파이팅!!

열심히준비했던만큼좋은결과 있을거이느
떨지말고 얼지말고
파이팅!!

12월, 송년의 말

: 안녕, 올해도!

그냥 지나간 시간은 없다.
모두 사라지지 않고 우리 안에 남아 있다.

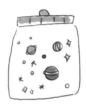

그냥 지나간 시간은 없다.
모두 사라지지 않고 우리 안에 남아 있다.

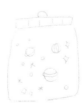

안녕!
슬픈 한 해도 잘했어
점점 잘했어.
더 들어서겠어.

슬	그	렇	어	,	을	해	도	.

안녕!
슬픈 한 해도 잘했어
점점 잘했어.
더 들어서겠어.

슬	그	렇	어	,	을	해	도	.

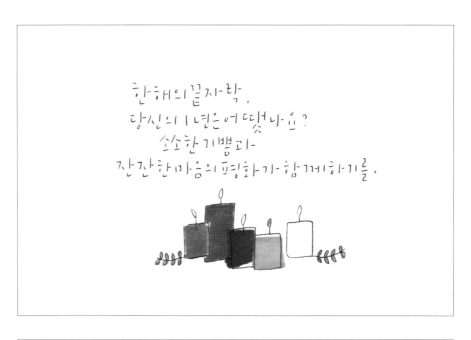

한 해의 끝자락,
당신의 1년은 어땠나요?
소소한 기쁨과
잔잔한 마음의 평화가 함께하기를.

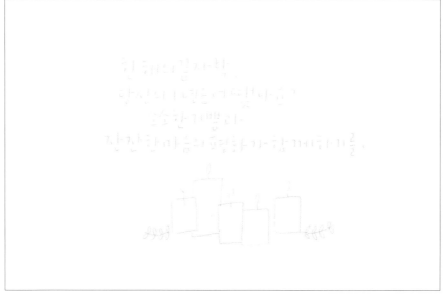

루돌프!
어서 내게로와줘
올해도 기다리고 있어.

      `\/'  `\/'
      `*·*`

루돌프!
어서 내게로와줘
올해도 기다리고 있어.

      `\/'  `\/'
      `·*·`

HAPPY NEW YEAR !

지나간 날들에 안녕을 묻습니다.

끝가지 포기하지 않는

12월이 되기를.

12월,
마음잠시 쉬어갈수있다면 좋겠습니다.
함께 기뻐하며 행복한날되세요.

12월,
마음잠시 쉬어갈수있다면 좋겠습니다.
함께 기뻐하며 행복한날되세요.

196

3장

나만의 글씨로 마음 전하기

손글씨를 활용한 일들은 생각보다 무궁무진합니다.
이번 장에서는 일상에서 손글씨를 활용하는 다양한 아이디어를
담아보려고 합니다. 매일 사용하는 노트나 선물 포장에
포인트를 주고 싶을 때, 혹은 손글씨를 적은 엽서를 액자나
가렌다 형태로 만들어 집 꾸미기에 활용할 수도 있습니다.
지금까지 익힌 내 글씨의 개성을 살리는 법을 활용해서
정성이 담긴 예쁜 메시지를 전해보세요.

01 | 짧은 글귀로 장식한 생일 트리

세상에 존재하는 것만으로 충분히 고마운 너.

생일이 되면 우리는 사랑하는 이를 축복하며 기쁜 말들을 전하고는 합니다. 꽃을, 편지를 그리고 좋아할 물건을 사서 선물하게 되는데요. 여기에서는 소중한 사람에게 오래 기억될 수 있는 특별한 생일 트리를 준비해보았습니다.

되도록 오래 두고 볼 수 있도록 드라이 상태의 유칼립투스(시드유칼립) 종류를 선택했으며 벽에 걸 수 있도록 굵은 가지를 골라보았습니다. 작은 엽서를 두세 장 정도 써서 나무집게로 집어 자연스럽게 마무리하면 완성입니다.

만약 생일트리에 사용된 나무가 화려하다면 종이에는 되도록 그림 없이 글씨만 쓰는 편이 메시지가 눈에 잘 들어옵니다. 나무 크기에 따라 장식할 수 있는 엽서의 숫자가 달라지게 될 텐데요. 친구들이 함께 쓴다면 엽서의 숫자도 늘어나 사랑하는 마음이 더 주렁주렁 열리겠지요?

생일 카드를 받으면 서랍 속에 넣어 두고 잘 안 보게 되는데요. 감동을 주는 메시지가 담긴 생일 트리라면 장식 효과도 있고 1년 내내 곁에 두고 볼 수 있는 기분 좋은 선물이 될 거라 생각해봅니다.

지금 떠오르는 소중한 사람이 있나요? 이번 생일에는 세상에 하나뿐인 감성 어린 메시지가 담긴 생일트리 어때요? 전해보실래요?

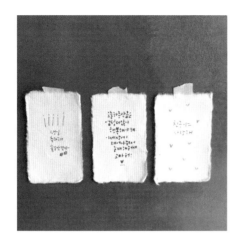

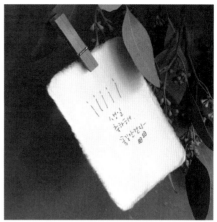

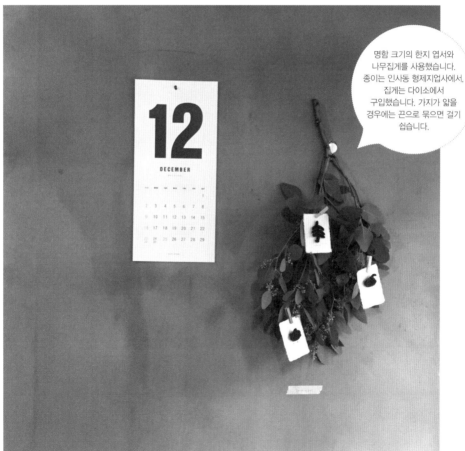

명함 크기의 한지 엽서와
나무집게를 사용했습니다.
종이는 인사동 형제지업사에서,
집게는 다이소에서
구입했습니다. 가지가 얇을
경우에는 끈으로 묶으면 걸기
쉽습니다.

샌드위치 액자는 앞뒷면 프레임이 종이로 되어 있어서 가볍기 때문에 누구나 쉽게 설치할 수 있습니다. 심플한 디자인이라 집 꾸미기에도 누군가에게 선물하기에도 좋은 아이템이지요.

액자 앞면에 유리가 없어서 아쉬워하는 분들도 계시지만 오히려 아이가 있는 집이라면 안전해서 가족 액자 만들기에도 적합합니다.

못을 박지 않고 양면 테이프만으로 붙여도 떨어지지 않아 실용적이며 모서리 부분이 둥글게 처리되어 있어서 따뜻한 느낌이 들기도 합니다.

색상은 아이보리, 블랙, 크라프트지 세 종류가 있는데요. 블랙보다는 꽃과 어울림이 좋은 화이트나 크라프트지를 추천합니다. 까만 먹물 글씨와도 잘 어울리겠지요?

저는 억새젓가락으로 글씨를 써서 액자에 끼워 장식하는 것을 추천하는데요. 준비물은 종이와 먹물, 억새젓가락이면 충분합니다.

억새젓가락은 우리나라에서 만든 자연주의 젓가락입니다. 숟가락으로 국물을 떠올리듯 젓가락으로 먹물을 듬뿍 찍어주시면 되는데요. 이때 젓가락에 먹물을 묻히고 툭툭 털어내지 않도록 주의해야 합니다. 그래야 글씨를 쓸 때 선의 굵기가 자연스럽게 표현됩니다. 억새젓가락 대신에 일반 나무젓가락이나 전 꽂이를 사용하셔도 좋습니다. 되도록 천천히, 연필을 쥐는 것보다는 조금 힘을 빼고 글씨를 쓰

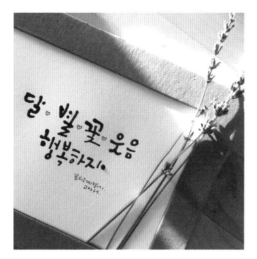

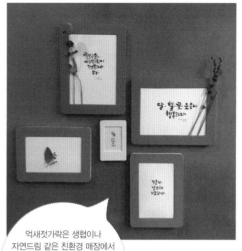

억새젓가락은 생협이나 자연드림 같은 친환경 매장에서 구입 가능합니다. 저는 여기서 수입지를 사용했는데요. 쉽게 구입하기 어려우므로 문구점에서 머메이드지를 선택하시면 됩니다.

시면 됩니다. A4에 연습을 충분히 하신 다음에 액자에 끼울 종이에 옮겨 적어보세요.

저는 "달, 별, 꽃, 웃음 행복하자"라고 썼어요. "달, 별, 꽃"이라는 말 대신에 가족 이름을 넣어서 가족사진과 함께 장식해보아도 좋겠습니다.

신혼부부 집들이 선물로도 좋은데요. 가족 수만큼의 꽃을 액자에 장식해준다면 정성스러운 마음이 담긴 더 없이 기쁜 선물이 될 거예요.

생일 축하 메시지나, 감사의 말을 적어 액자와 함께 걸어두는 것도 좋고 사진과 함께 배치하기에도 괜찮겠지요?

기분까지 좋아지는 선물 포장

단순한 포장만으로 선물을 그냥 건네기 아쉬울 때, 편지에 어떤 내용을 써야 하나 망설여질 때, 우리가 자주 사용하는 말로 간단히 쇼핑백에 써서 선물해보세요.

글씨나 그림이 돋보이려면 알록달록한 종이보다는 크라프트지로 만들어진 가방이 좋습니다. 자연스럽고 유난스럽지 않은 선물 가방이지요? 종이 가방은 다이소나 일반 문구점에서 쉽게 구입이 가능합니다.

간단한 그림은 크레파스나 색연필을 사용했으며 굵은 글씨는 지그펜으로 완성했습니다.

"행복하세요", "감사 또 감사합니다", "사랑하고 사랑하고 사랑합니다"라는 말은 제노 가는 붓펜을 사용했어요. 손잡이 하나는 안으로 집어넣고 드라이플라워를 넣어 걸어 놓으면 꽃가방으로 변신!

손잡이가 없는 종이봉투를 노끈으로 묶어주고 종이택에 작은 메시지를 적어 포장하는 방법도 있습니다. 집에 있는 쇼핑백이나 종이봉투를 재사용하는 방법으로도 좋을 것 같아요.

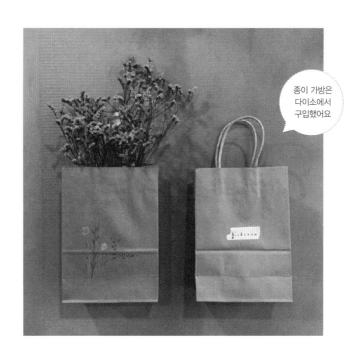

종이 가방은
다이소에서
구입했어요

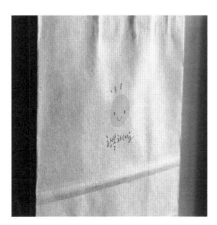

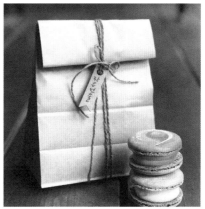

매일 자연에게 빚을 지고 살아갑니다.

계절마다 꽃과 나무는 늘 곁에 있으며 행복을 주지만 하루를 살아내기가 너무나 바빠 그냥 지나치곤 합니다. 햇빛과 바람을, 그들의 말들을 옮겨 담아 작은 위로를 건네 볼까요?

지금 어느 계절인가요? 그 계절을 담아 보세요. 말린꽃도 좋고 잎사귀 하나, 혹은 나뭇가지도 좋고 씨앗 하나도 괜찮고 열매도 좋습니다.

여기서 사용한 종이는 작은 명함 크기의 한지입니다. 노끈과 나무집게로 집어 고정해서 장식해보았는데요. 마치 고향집 마당에 널어놓은 빨래가 떠오르지 않나요?

아주 짧은 메시지를 써보세요. 너무 고민하지 말고 "하은아", "하영이 거" 이렇게 친구의 이름을 적어보기도 하고 가족들과 나누고 싶은 말들, 혹은 꼭 이루고 싶은 버킷리스트를 적어보거나 나에게 하고 싶은 말을 적어보아도 좋습니다.

말하는 대로 생각한 대로 이루어진다는 말이 있듯이, 기분 좋아지는 말들을 모아 웃음꽃이 피는 예쁜 날을 선물해보세요. 주는 이에게도 받는 이에게도 근사한 하루가 될 거예요.

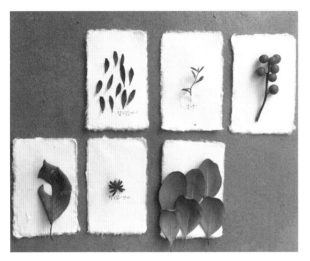

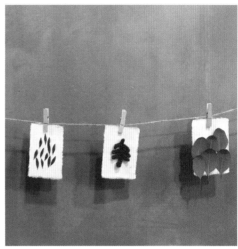

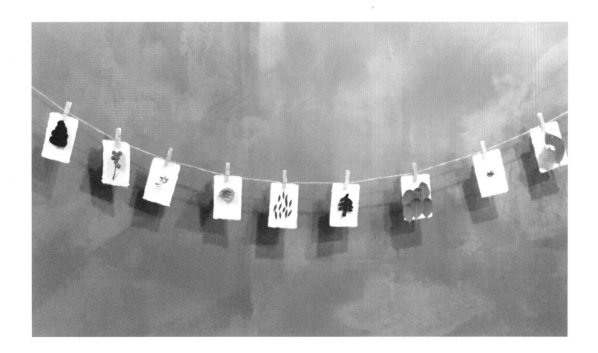

05 | 마스킹 테이프로 작은 메시지 전하기

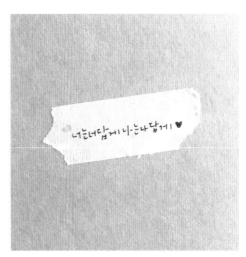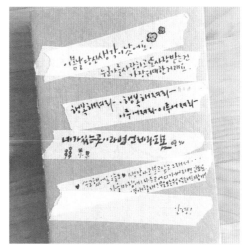

글씨를 꾸미기에 좋은 아이템이다 보니 무지 크라프트지 쓰임이 많습니다. 여기서는 크라프트지와 마스킹 테이프를 사용해 노트 표지와 꽃 편지를 만들어보려고 합니다.

혹시 마스킹 테이프를 사용해보신 적이 있나요?
저는 크라프트지 표지의 무지 노트를 자주 사용하는데요. 심플한 표지 그대로 사용하기보다는 마스킹 테이프 위에 작은 메시지나 그림을 그려 앞표지에 장식합니다. 손으로 뚝뚝 끊어 자연스럽게 붙이고 그 위에 여러 가지 펜으로 글씨를 쓰는 아주 단순한 작업입니다.
노트 뒷면에 작게 붙여서 날짜를 기재해도 좋고 이름을 쓰거나 매일

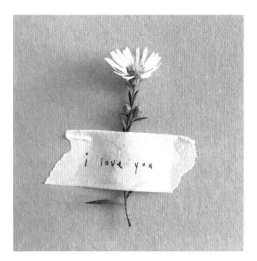
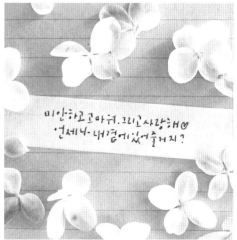

내가 듣고 싶은 말이나 좋아하는 말을 쓰면 좋습니다. 늘 곁에 두고 쓰는 노트이니 만큼, 나만의 감성을 담은 노트로 꾸며보면 좋겠지요?

가끔씩 소중한 사람들에게 꽃편지를 전하기도 하는데요. 노트 안쪽을 펼쳐 빈 공간에 말린 꽃이나 계절에 맞는 꽃을 붙이고 글씨를 써서 쉬어 가는 공간으로 만들어 꽃편지를 씁니다. 냅킨이나 크라프트지 에도 같은 방식으로 꽃편지를 만들어볼 수 있습니다.
사랑하는 이들에게 선물해보세요. 문득 펼친 노트 속에 숨어 있는 꽃 편지를 보는 순간 마법처럼 행복이 찾아올 거예요. 주는 이에게도 받는 이에게도.

06   작은 정성을 더한 카드 봉투

매월 기념일이 참 많습니다. 하나하나 챙기기 조금 부담스러울 때도 있습니다. 그러다 보니 현금 봉투로 선물을 대신하는 일도 많은데요. 그럴 때 밋밋한 흰 봉투보다는 작은 정성을 더해 마음을 전해보면 어떨까요? 마음을 담은 짧은 글귀, 그리고 작은 그림을 보태기만 했는데도 보기 좋아지지 않았나요?

무늬 없는 흰 봉투는 다이소에서 아주 저렴하게 구입했어요. 종이가 조금 도톰해야 펜 잉크가 번지지 않고 글씨 쓰기도 편합니다. 속 내용물이 비치지 않을 정도의 두께면 더 좋겠지요?
생일, 어버이날, 성년의 날, 새해, 추석…. 특별한 날에 감사와 사랑을 담은 말들을 전하며 마음도 풍성한 날을 만들어보세요.

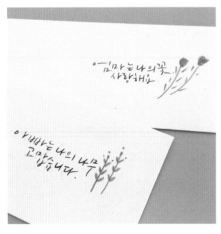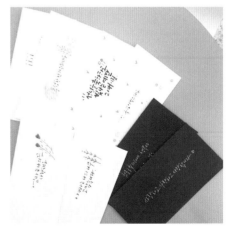

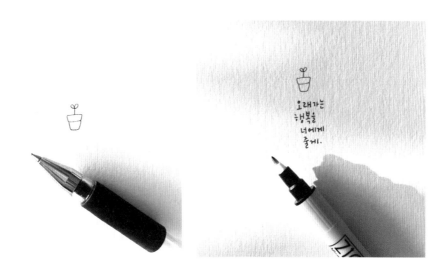

'오래가는 행복을 너에게 줄게.'

화분을 그리고 글씨를 쓰고 색을 넣었습니다.
순서는 상관이 없습니다. 가끔은 글이 먼저 또 가끔은 그림이 먼저이
기도 합니다만 되도록 그림을 완성하고 그 여백에 맞게 글씨 쓰기를
습관화해보세요 더 조화롭고 안정적인 느낌을 살릴 수 있을 거예요.

기본 엽서 4×6 사이즈(100*150)를 사용했고 저는 주로 띤또레또, 이
누이트 같은 수입지를 사용하는데요. 구하기가 쉽지 않아서 가까운

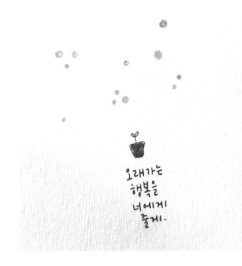
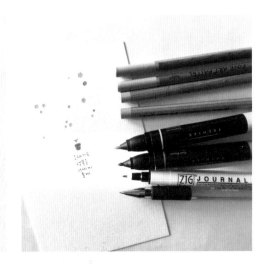

문구점에서 구입할 수 있는 머메이드지로도 충분히 표현 가능하니
참고해주세요.

모든 그림은 시그노볼 0.28mm로 그렸으며 프리즈마 마카, 파버 카스
텔로 색을 넣어주고 색연필로 행복이 번지는 듯한 장면을 표현했습니
다. 마카는 깔끔하게 표현이 가능하고 색연필은 따뜻한 느낌을 줍니다.
어때요? 글과 이미지가 잘 어울리나요?

늘 앉아 작업하는 책상 위엔 해가 머물다 쉬어 갑니다. 덕분에 제 마
음도 잠시 쉬는 공간입니다. 나만의 공간을 어디든 하나 두어 여러분
의 마음도 쉬어갈 수 있다면 좋겠습니다.